Sabine Krusel

Lebe…

Einfach,

Frei und Leicht!

MET
Meridian Energie Technik,

der Weg
zu Dir selbst!

Inhaltsverzeichnis

- Meine Spinnenphobie hat sich aufgelöst...nach dem MET GrundBasicSeminar
- Mit MET zum Zahnarzt
- MET und Höhenangst
- MET bei körperlichen Dingen
- MET und Schulnoten, Prüfungsstress....
- MET und das Wohlfühlgewicht
- MET und traumatische Situationen

Sabine Krusel

Lebe...Einfach,

Frei und Leicht!

MET Meridian Energie Technik, der Weg zu Dir selbst...

Kapitel 1: MET– wo kommt diese Technik her?

Hinter dem Namen **MET Meridian Energie Technik** verbirgt sich „die Klopftechnik" des neuen Jahrtausends. Sie ist die Revolution im Bereich der Psychotherapie.

Bereits vor über 5000 Jahren haben **die alten Chinesen** die Meridiane beklopft, um den Menschen wieder ins **energetische Gleichgewicht** zu bringen.

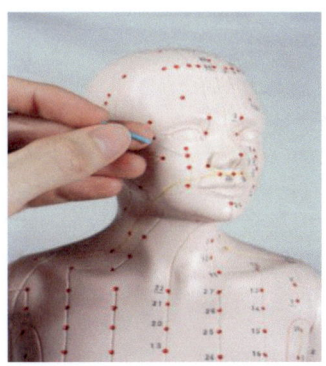

Aus diesen Anfängen heraus entwickelte sich später die **mittlerweile etablierte Akupunktur**, welche durch setzen von Nadeln an bestimmten Punkten längs der Meridiane bestimmte Körperregionen stimuliert und somit zur Gesundung des Menschen beiträgt.

Die **Verbindung** dieser alten Technik mit **der modernen Psychotherapie** ist zurückzuführen auf den Psychologen **Dr. Roger Callahan.**

Seit ca. 2 Jahren behandelte Dr. Callahan vor fast 30 Jahren mit herkömmlichen Methoden eine Klientin namens Mary. Sie litt an extremer Wasserphobie, so dass sie nicht einmal in der Lage war Bilder mit Wasser zu betrachten ohne in Panik und Angst zu geraten.

Mary beschrieb Dr. Callahan, das sie kurz vor den Panikattacken immer eine Übelkeit verspüren würde. Callahan forderte Sie auf, den Punkt unter dem Auge zu klopfen und sich dabei auf ihre Angst zu konzentrieren.
Bereits nach kurzer Zeit sprang Mary auf, rannte zum Pool und spritzte sich Wasser ins Gesicht und rief: „ Es ist weg Dr. Callahan, es ist weg!"

Dies war die Geburtsstunde der Meridian Energie Techniken.

Diese Erfahrung führte bei Dr. Callahan zu folgender Erklärung:

**„Der Grund für jedes negative Gefühl ist
eine Unterbrechung im Energiesystem des Körpers."**

Belastende Emotionen wie Wut, Ärger, Hass, Trauer, Angst etc. werden **durch traumatische bzw. belastende Erlebnisse in der Kindheit** hervorgerufen, davon geht die herkömmliche Psychotherapie aus.

Diese vergangenen Erlebnisse werden „behandelt", in der Hoffnung, dass sich dann die Befindlichkeitsstörung in der Gegenwart auflöst.

Zum Glück forschte Dr. Callahan weiter und verfeinerte seine Technik. Er beschäftigte sich mit der sogenannten **„psychologischen Umkehr"**, dem inneren Schweinehund, der uns daran hindert die Dinge zu tun die für uns gut und richtig wären.
Er nahm immer wieder Bezug zu dem Biologen Rupert Shaldrake und seinen Arbeiten zu **morphogenetischen Feldern** und nannte seine Technik schließlich **TFT Gedankenfeld Therapie.**
Bei seinen stetigen Weiterbildungen begegnete er Anfang der Achtziger Jahre dem amerikanischen Chiropraktiker **Dr. George Goodheart** und lies sich in angewandter Kinesiologie ausbilden, einer Methode, mit der man Energieblockaden aufspüren kann.

Dr. George Goodheart sagt:

„**Trauma verursacht eine Verletzung in den Meridianen – diese löst Angst aus. Folglich ist es nur nötig die Verletzung der Meridiane aufzulösen, um eine energetische Einheit wieder herzustellen.**"

Daraus folgt – wir **müssen nur die Angst auflösen und das Trauma ist uns egal**.

Dr. Gary Craig, auch ein Mitstreiter von Callahan hat dann aus den Grundlagen heraus **EFT Emotional Freedom Techniques entwickelt** und **Dipl. Psychologe Rainer Franke** hat die Technik unter **MET Meridian Energie Technik** im deutschsprachigen Raum bekannt gemacht.

Kapitel 2: MET - wo klopfe ich dabei?

Sowohl bei EFT wie auch bei MET werden **immer die gleichen Punkte** auf den Meridianbahnen beklopft, egal, um welche Störung es sich handelt

Grundsätzlich werden bei den Meridian Energie Techniken **die Anfangs- oder Endpunkte** der 14 **Meridianbahnen beklopft.** Durch gleichzeitiges Beklopfen der Punkte und benennen der Emotion **lösen sich diese Emotionen auf.**

Am Wirkungsvollsten ist dabei **der Nierenmeridian** Punkt Nr.6.-**mögliche Erklärung: die Niere ist das größte Ausscheidungsorgan.**

Durch gleichzeitiges Beklopfen der Punkte und benennen der Emotion lösen sich diese Emotionen auf.

die Hauptpunkte

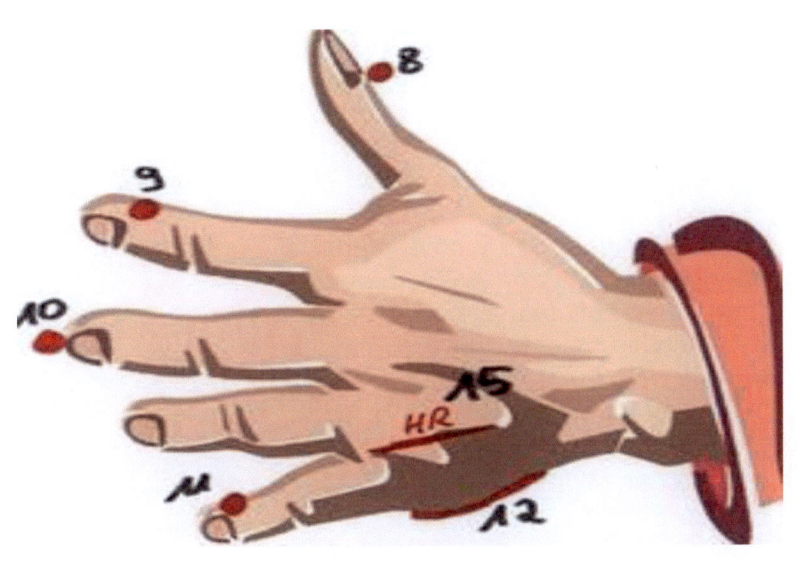

weitere Punkte

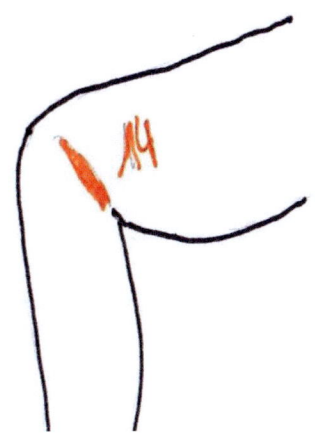

Klopfen und gleichzeitiges Wiederholen des Behandlungssatzes
Abklopfen der 14 Punkte:

1. innere Augenbraue/Nasenwurzel - Blasenmeridian
2. äußerer Augenwinkel - Gallenblasenmeridian
3. unter dem Auge - Magenmeridian
4. Oberlippe - Lenkerorgan/Gouverneursgefäß
5. Kinn - Konzeptionsgefäß
6. Schlüsselbeinpunkte - Nierenmeridian
7. unter dem Arm - Milz-Pankreasmeridian
8. Daumen - Lungenmeridian
9. Zeigefinger - Dickdarmmeridian
10. Kuppe des Mittelfingers - Kreislauf, Sexus
11. Kleiner Finger - Herzmeridian
12. Handkantenpunkt - Dünndarmmeridian
13. auf dem Kopf dem Scheitelpunkt -Lenkerorgan/ Gouverneursgefäß
14. Außenseiten von den Knien - Gallenblasenmeridian

Gleichzeitiges Wiederholen des Behandlungssatzes während des Klopfens (z.B. "meine Angst im Dunkeln Auto zu fahren")

Kapitel 3: MET – wofür wende ich es an?

Die Anwendungsgebiete reichen von A wie Angst bis Z wie Zorn.

Selbst Phobien, Depressionen, Burn-Out-Syndrom, Traumata, etc. **lassen sich mit dieser Technik schnell, effizient und dauerhaft behandeln.**

Nach der **TCM der traditionellen chinesischen Medizin** mit ihrem ganzheitlichen Ansatz, ist der **Mensch ein energetisches Wesen** „aufgehangen zwischen Himmel und Erde".

Wenn wir davon ausgehen, **dass alles Energie ist**, dann sind wir auch in der Lage mit energetischen Techniken unseren **Energiefluss wieder in Fluss zu bringen**.

Herkömmliche psychotherapeutische Techniken gehen davon aus, dass z.B. bei einem Trauma eine Panik vorliegt und **man die traumatische Situation aufarbeiten muss, um Panik und Angst auflösen zu können.**

MET geht davon aus – es liegt ein Trauma vor begleitet von Panik und Angst.

Wenn wir nun **die Emotionen** wie Panik und Angst **auflösen, dann ist die zugrunde liegende Situation bedeutungslos.**

Kapitel 4: Meridiane und die Akupunkturpunkte

Dem Japanischen Wissenschaftler Dr. Hiroshi Motojamas gelang in den 70ger Jahren der **physikalische Nachweis von Akupunkturpunkten.**

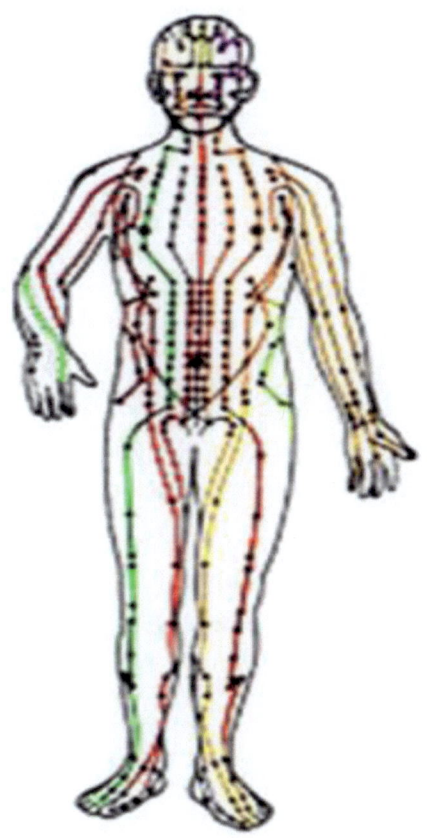

Er wies besonders auf die Wechselwirkungen zwischen der Energie, aus den Fingerspitzen und dem sie umgebenden elektrischen Feld hin.

Nach dem Ansatz der TCM ist der Mensch als Abbild natürlicher Harmonie aufgespannt zwischen Himmel und Erde, zwischen den Polen Yin und Yang. Die traditionellen chinesischen Ärzte sehen das Individuum als eine **„Verdichtung von Energetischem"**.

Jeder Mensch unterliegt einem **Spannungsfeld energetischer Einflüsse**.

Der **Energiefluss** ist für den Menschen **durch seine Emotionen spürbar** und genau **da setzt die Behandlung mit Meridian Energie Technik an.**

1985 gelang drei französischen Wissenschaftlern im Pariser Necker-Krankenhaus der Nachweis, dass die **Meridiane tatsächlich existieren.**

Sie verwendeten eine Tracer-Substanz – eine Flüssigkeit, die auch zur Untersuchung der Schilddrüse herangezogen wird.

Sie injizierten diese Substanz bei etwa 100 Probanden, und zwar zum Einen an neutralen Punkten und zum Anderen an den Akupunkturpunkten.

Die **Substanz folgte** von den Akupunkturpunkten aus **den erwarteten Verläufen der Meridiane.**

Auch Dr. Schlehbusch aus Essen gelang es **den Verlauf der Meridiane** mittels Infrarotanalytik **dazustellen**.(http://www.schlebusch-dr.de/index.html)

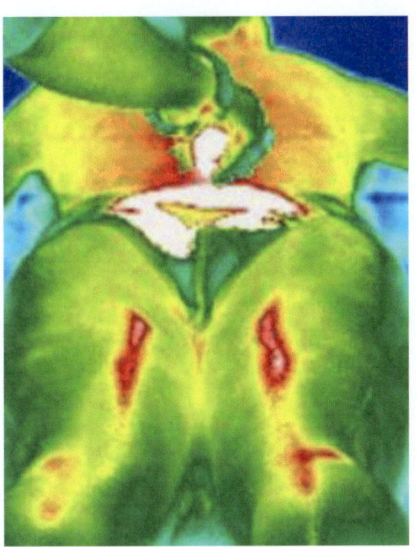

Blasenmeridian durch Wärmereiz sichtbar

Forschungsversuche haben dies inzwischen bestätigt und die **Existenz der Meridiane gehört nicht mehr ins Reich der medizinischen Märchen.**

Kapitel 5: Die Thymus-Drüse, der Quell unserer Lebensenergie

Die **Thymusdrüse - griech.= thymos = Lebensenergie - überwacht den gesamten Energiestrom des Körpers** und korrigiert Störungen. Sie verbindet Körper und Geist miteinander.

Die Beeinflussung durch **die seelische Haltung eines Menschen** ist genauso groß, wie durch Belastungen, die aus Krankheiten oder Gemütsbewegungen herrühren.

Sobald die Thymusdrüse **schwach testet**, ist daraus zu schließen, dass wir **nicht genügend Willen zum Gesundsein** haben.

Unsere Lebensenergie ist nicht stark genug, um den Heilungsprozess zu ermöglichen.

*„Diese **Erkenntnis** hat sich in der klinischen Praxis als **sehr wertvoll** erwiesen. Der Arzt muss in erster Linie darum bemüht sein, **den Genesungswillen** des Patienten zu aktivieren."(J. Diamond, Die heilende Kraft der Emotionen)*

*„Das rhythmische Beklopfen der Brust und des Brustbeins dient der **Stimulation der Thymusdrüse.** Die feinstoffliche Energie, die unsere Muskeln, Organe, alles lebenden Zellen durchdringt **nennt man Lebensenergie.***

*Du wirst bereits nach dem ersten Klopfen **Wärme spüren.***

*Durch die intensive Anregung der Brustdrüse schüttet diese ihre **Hormone an den Ort der stärksten Schwingung** aus.*

*Da die Brust beklopft wird, verstärkt sich die **Verbindung zwischen den Chakras.***

*Durch die Schwingung des Thymus werden jene **Stoffe in die Blutbahn** gegeben, welche die **Hormonproduktion im gesamten Körper** anregen." (Ti Tonisa Lama: Das Buch der Heilung).*

Wie aktiviere ich die Thymusdrüse?

Um den Funktionslevel der Thymusdrüse anzuheben, wird diese **beim Thymuspunkt** (TD) **über dem Brustbein beklopft**.

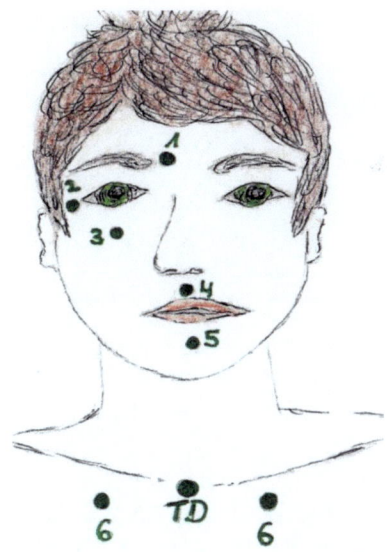

Dieses kann mit der flachen Hand, der lockeren Faust oder mit 3-4 Fingern passieren. Wichtig ist, **es muss sich angenehm anfühlen.**

Der heilende Satz hierzu soll mehrmals (5-8 mal) mit Betonung und innerer Überzeugung gesprochen werden.

Heilender Satz: *„Ich liebe und glaube, vertraue, bin dankbar und mutig."*

Das Beklopfen aktiviert die Thymusdrüse, auch ohne, dass Worte dazu gesprochen werden und geschieht dann **idealer Weise im Walzertakt** laut J. Diamond.

„Ich lie be und glau be ver trau e bin dank bar und mu tig"

Die Aktivierung der Thymusdrüse **gibt Stärke und unterstützt den Lebenswillen** und **harmonisiert** dabei **die Gefühlswelt.**

Kapitel 6: Tägliche Übungen

Die Thymusdrüse sollte täglich beklopft werden, denn man kann nichts Besseres für seine Gesundung tun, als diese täglich zu beklopfen.

Die zweite Übung ist **die Atemgleichgewichtsübung.** Die Übung kommt aus der Kinesiologie und verbindet die rechte mit der linken Körperhälfte.

Körperhaltung hierbei:

- linken über rechten Fuß kreuzen
- rechtes über linkes Handgelenk kreuzen und zur Brust ziehen
- über die Nase einatmen und dabei die Zunge an den Gaumen oben anlegen
- durch den Mund wieder ausatmen und Zunge loslassen
- dabei sich das Wort „Gleichgewicht" oder „Balance" innerlich vorsagen

Durch den Druck der Zunge an den Gaumen werden etwa **84 Akupressurpunkte aktiviert.**

Kapitel 6: Wie findet man nun den Heilenden Punkt?

In **Höhe des Herzens** wird Ihr Mittelfinger einen leicht schmerzhaften Punkt wahrnehmen.

Genau **dort liegt der Heilende Punkt**.

Es handelt sich hier um einen **neurolympathischen Punkt.**

Bereits durch diese Übung **kommt schon sehr viel in Bewegung.**

Heilender Satz:

Vorbereitungssätze mehrmals wiederholen und dabei den „heilenden Punkt" von innen nach außen kreisend massieren.

**„Selbst wenn ich diese oder jenes Problem habe,
liebe und akzeptiere ich mich,
so wie ich bin."**

Oder

**„Selbst wenn ich es nicht verdient habe,
diese oder jenes Problem zu verlieren,
liebe und akzeptiere ich mich,
so wie ich bin."**

Kapitel 7: Handrückenserie

Handrückenserie bedeutet kontinuierliches Klopfen des Handrückenpunktes – den **Dreifacher Erwärmer, Punkt 15**

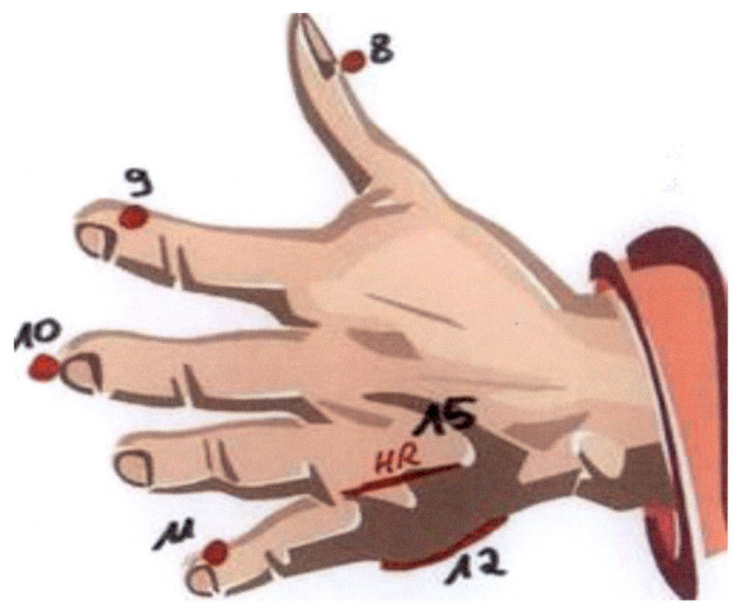

Er befindet sich auf dem Handrücken zwischen 4. und 5. Finger; zwischen den Sehnen.

Am besten klopft man mit allen vier Fingern der anderen Hand und führt folgende Übung durch:

1. Augen schließen
2. Augen öffnen
3. ohne Kopfbewegung scharf nach unten rechts schauen
4. ohne Kopfbewegung scharf nach unten links schauen
5. mit den Augen langsam im Uhrzeigersinn rollen
6. mit den Augen entgegengesetzt rollen
7. summen
8. von 7 bis 0 zählen
9. Summen

Überprüfen: Nachfühlen wie sich die Emotion oder das Thema verändert hat auf der Skala von 0 – 10

Wenn noch nicht auf 0 oder 1 gesunken = zweiter Durchgang mit:

Heilender Punkt:

> **„Selbst wenn ich noch ein bisschen von diesen**
> **oder jenem Problem habe,**
> **liebe und akzeptiere ich mich,**
> **so wie ich bin"**

oder

> **„Selbst wenn ich es nicht verdient habe,**
> **diese oder jenes Problem zu verlieren,**
> **liebe und akzeptiere..."**

Gleichzeitig den „heilenden Punkt" von innen nach außen kreisend massieren.

Modernes Klopfen

Eine Technik ist letztlich nur dann eine gute Technik, **wenn sie sich verändern darf**.

MET Meridian Energie Technik **bezieht die Erfahrungen mit den Klienten mit ein**.

Jahrelange Erfahrungen haben dazu geführt, dass modernes Klopfen in der Regel
nur noch die ersten 6 Klopfpunkte nutzt.

Punkt 1 = Blasenmeridian
Punkt 2 = Gallenblasenmeridian
Punkt 3 = Magenmeridian – der sogenannte „Marypunkt"
Punkt 4 = Lenkerorgan*
Punkt 5= Konzeptionsgefäß*
Punkt 6 = Nierenmeridian
Punkt 7 = Pankreas

*beim Lenkerorgan beginnt kopfwärts der mittlere Meridian , welcher Kopf und Rumpf verbindet und er endet schließlich beim Konzeptionsgefäß

Es hat sich auch herausgestellt, dass es sinnvoll ist, den **Punkt Nummer 6 – den sogenannten Nierenpunkt – sofort zu Beginn einer Behandlung mit MET zu beklopfen**.

Übrigens den Hauptklopfpunkt den Nierenpunkt Nr. 6 finden Sie am besten indem Sie…..

den Mittelfinger und Daumen so um Ihren Hals legen, dass der Hals von Ihrer Hand umschlossen wird. Fahren Sie nun mit der Hand mit leichtem Druck tiefer herunter, ohne, dass Sie die Finger dichter zusammenführen bis zum Schlüsselbein, 1 cm tiefer.

Die anderen 5 Punkte werden je nach dem persönlichen Empfinden beklopft.

MERKE:

Es gibt kein „Falsch",
probieren Sie es einfach aus.

Klopfen Sie die Emotion,
die Sie im Moment am Meisten behindert.

Legen Sie fest,
wie hoch auf der Scala von 0-10 Sie die Emotion
belastet.

……und fangen Sie einfach an!

Viel Erfolg!!!

Kapitel 8: Erfahrungsberichte und Klopfsätze

Meine Spinnenphobie hat sich aufgelöst…
nach dem MET GrundBasicSeminar

Spinnen sind vielen Menschen **ein Greul**. Ausrufe wie „Iiiiii, wie ekelig!" sind keine Seltenheit. Dabei haben Frauen häufiger mit diesem Ekelgefühl bzgl. Spinnen und mit entsprechender Panik zu tun als Männer.

Vor einiger Zeit hatte ich eine Seminarteilnehmerin im **MET GrundBasic Seminar**.
Wir kamen schnell darauf, dass sie eine sogenannte **Spinnenphobie** hatte. Die Angst vor Spinnen ging bei ihr so weit, dass sie sich **nicht einmal Bilder ansehen konnte** ohne ein gewisses **Ekelempfinden**.

Sie war bereit sich diesem Thema im Seminar zu stellen. Ich fragte sie, was sie empfindet **bei dem Gedanken an eine Spinne**.
Man muss dazu wissen, dass wir Menschen gewöhnlich in Bildern denken. Wir sind in der Lage zu dem entsprechenden Bild auch eine Emotion abzurufen.
Wir klopften also zunächst den **„Ekel"**

- **Mein Ekel vor Spinnen!**
- **Meine Angst, wenn sich die Spinne bewegt!**
- **Meine Panik, weil die mit ihren Füssen so schnell ist!**
- **Ich finde Spinnen so bedrohlich!**
- **Mein Ekel, weil die so dick ist!**
- **Mir wird schlecht, wenn ich die fiesen Härchen an den Beinen sehe!**
- **Meine Angst, dass mir nachts eine Spinne ins Gesicht fallen könnte! usw...**

Nach jeder Klopfrunde kam eine andere Emotion, oder die Emotion in einem anderen Zusammenhang. Schließlich waren wir soweit, dass sie die Bilder mit Spinnen ansehen konnte und auch die **Gummispinnenattrappen in die Hand nehmen** konnte.

Nun kam der Test – eine kleine Spinne hatte sich tatsächlich in unsere Räume verlaufen.

Wir beförderten das Tier in ein leeres Wasserglas. Nach einigen Klopfrunden – mit ähnlichen Klopfsätzen wie o.a. war die Teilnehmerin in der Lage **das Wasserglas ganz ruhig in die Hand zu nehmen** und das Tier auf dem Balkon zu befreien. Die ganze Klopfsession hatte etwa 30 Minuten gedauert.

Später hat sich die Teilnehmerin noch per Mail bei mir gemeldet:

Ja, ich arbeite noch mit MET, allerdings nur bei Bedarf. Meine "offenen Punkte" habe ich zwar schon aufgeschrieben, bin sie aber noch nicht alle angegangen.

*Vor einigen Wochen habe ich **voller Stolz meine erste** (wenn auch wirklich kleine) **Spinne NACH DRAUßEN gesetzt.** Ich war vielleicht happy! Außerdem **konnte ich MET** bei meinem Freund schon mal **erfolgreich einsetzen.** Er konnte es nicht glauben und hat mich noch stundenlang gefragt, wo seine Wut geblieben ist! grins. Vielleicht nehme ich tatsächlich an dem Aufbauseminar teil, schauen wir mal!!*

Mit MET zum Zahnarzt

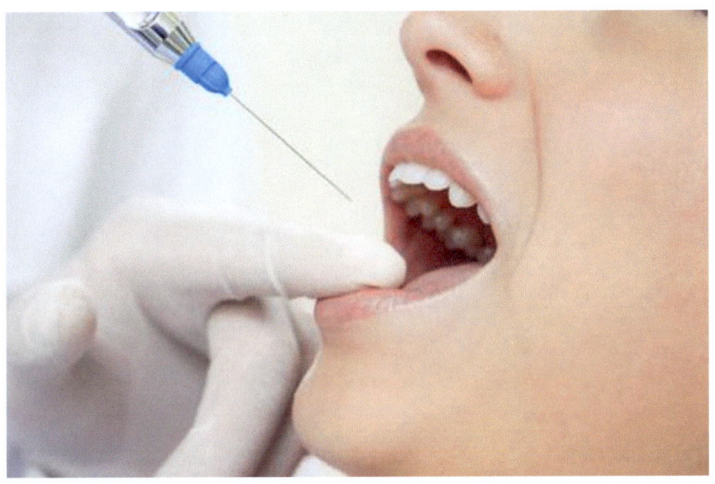

Häufige aber nicht alleinige Ursache der **Zahnbehandlungsphobie** sind **negative Erfahrungen.**

Die erlernten Ängste können sich **gegen bestimmte Aspekte** der Zahnbehandlung richten, zum Beispiel einer **Spritzenangst**.

Eine Klientin von mir hatte **extreme Angst vorm Zahnarzt**.

Der letzte Zahnarztbesuch lag schon längere Zeit hinter ihr. Da der Mund ja relativ lange offen gehalten werden muss beim Zahnarzt und diese Klientin dazu noch eine **wahnsinnige Angst vorm Zahnarzt hatte**, erlitt sie **nach der Behandlung eine „Kiefernsperre"** und musste orthopädisch wieder eingerenkt werden.

Seit dem hatte sie keine Zahnarztpraxis mehr von innen gesehen.

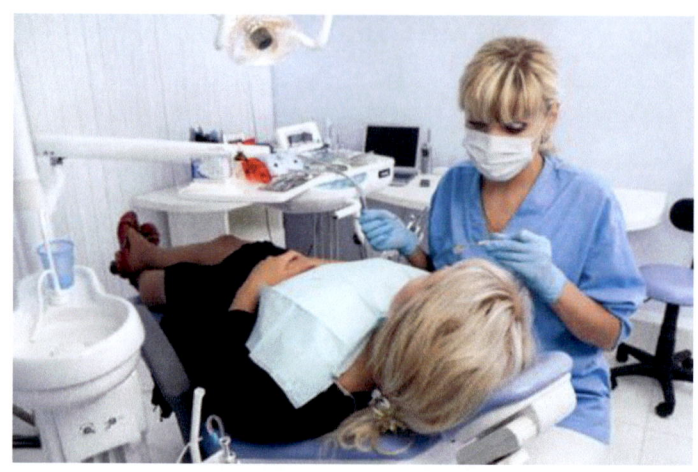

Wir gingen nun in die Zahnarztpraxis einer befreundeten Zahnärztin.

Bereits im Flur der Zahnarztpraxis bekam meine Klientin ein „beklommenes Gefühl".

Der Blick in den Behandlungsraum ließ sie **schnell wieder umkehren**.

Wir beklopften anschließend **sämtliche Emotionen**, die bei ihr im Zusammenhang mit dem Thema Zahnarzt aufkamen.

Mögliche Klopfsätze bei einer Zahnarztphobie sind:

- **Angst bei dem Gedanken morgen zum Zahnarzt zu müssen!**
- **Angst vor dem Geruch einer Zahnarztpraxis!**
- **Angst, dass ich lange vorher warten muss!**
- **Angst in den Behandlungsraum zu gehen!**
- **Angst vor den Geräuschen des Bohrers!**
- **Angst davor, dass der Behandlungsstuhl verstellt wird und mich in eine liegende Position bringt!**

- **Angst den Mund aufzumachen!**
- **Angst bei der Behandlung nichts sagen zu können!**
- **Angst vor meiner Hilflosigkeit!**
- **Angst davor, dass gebohrt werden muss!**
- **Angst davor, dass eine Spritze gesetzt wird!**
- **Angst davor, dass eine umfangreiche Behandlung nötig ist!**
- **Angst vor dem Schmerzen!**
- **Angst davor, dass der Zahn gezogen werden muss!**
- **Angst vor den Geräten in meinem Mund!**
- **Angst hinterher auch noch Schmerzen zu haben! usw.**

Nachdem die Klientin **beim Klopfen zusehends in ihre Ruhe kam** und somit die Emotionen verschwunden waren, sind wir dann **in den Behandlungsraum** gegangen.

Es bereitete der Klientin keinerlei Probleme sich in den Behandlungsstuhl zu setzen.

Als der **Behandlungsstuhl runtergefahren** wurde, war es **kurzfristig nochmals notwendig**, das die Klientin **selbst bei sich** das aufkommende „ungute Gefühl" klopfte.
Danach war es überhaupt kein Problem mehr eine Bestandsaufnahme seitens der Zahnärztin bzgl. des Gebisszustandes vorzunehmen.
Für einen **Zahnarztphobiker** ein sehr **großer Schritt sich wieder auf eine Zahnarztbesuch einzulassen.**

Hier ein Bericht einer anderen Klientin nach beklopfen des Zahnarztthemas:

*....das **hat wirklich prima funktioniert** mit dem Klopfen beim Zahnarzt!*

*Ich saß auf dem Stuhl und **war wirklich ruhig und hatte echtes Vertrauen.***

Keine Panik mehr vorhanden! **Ich habe es mir nicht "nur eingeredet"-** *das war wirklich weg. Ich bin da ziemlich ehrlich mit mir selbst!!*

Ich bin enorm beeindruckt *und musste dir das eben nochmal schnell schreiben! DANKE!!!*

Du bist ein Schatz!. Und so ganz nebenbei: **es hat überhaupt nicht weh getan***.*

MET und Höhenangst

Ängste die uns heimsuchen **sind sehr vielfältig**.

Zwar gibt es eigentlich **nur 2 Ängste**, die wir **mit auf die Welt bringen:**

 - zum Einen die Angst vor lauten Geräuschen und
 - zum Anderen die Angst zu Fallen

– aber dennoch ist die Empfindung von **Angst sehr häufig** in unserem Leben zu finden.

Die Angst vor Höhe, die sogenannte **Höhenangst** – kann sich auf sehr verschiedener Weise ausdrücken.

Es kann sein, dass eine Person die von dieser Angst belastet ist **nicht auf eine Leiter steigen** kann, nicht **vom Balkon herunter schauen** kann, Angst hat eine **offene Treppe hoch zusteigen** – besonders wenn sich dort Zwischenräume zwischen den einzelnen Stufen befinden usw.

Die Auswirkungen dieser Angst schildert anschaulich der Erfahrungsbericht einer Klientin:

Höhenangst und die Externsteine

*Seit Jahren litt ich unter Höhenangst. Es ging soweit, dass ich von unserem **Balkon in der 2.Etage** nicht runtergucken konnte.*

__Mein Magen drehte sich um__ und ich hielt mich krampfhaft am Geländer fest.

Bei uns im Naturschutzgebiet ist ein Ausguck für die Besucher den wir bei einer Fahrradtour entdeckt haben.

*Mein Mann ging voran und als ich hinterher wollte **blieb ich auf der 2.Stufe wie erstarrt stehen.***

*Ich konnte weder vor noch zurück und **vor lauter Panik vergaß ich noch zu atmen.***

Mein Mann musste mir zu Hilfe kommen und mich die zwei Stufen irgendwie wieder runterbringen..

*Na ja,...**Dank MET** gehören solche **Attacken jetzt der Vergangenheit an.***

Wir beklopften meine Höhenangst und ich hatte zuerst meine Zweifel (ich hatte ja nichts gemerkt)!

*Aber als ich nach Hause kam konnte ich ohne Probleme vom Balkon runtergucken, das **derbe Gefühl im Magen blieb aus** und ich war überglücklich.*

Im Sommer waren wir im Urlaub. Teuteburger Wald, Externsteine!!!!

Als ich die Steine schon von weitem gesehen habe, oje, oje!!

***Aber es hat geklappt, sogar über die Brücke bin ich gegangen** und runtergekommen bin ich auch, obwohl die Steinstufen manchmal ziemlich schmal waren.*

*Auch die 2.Fahrradtour zu dem Ausguck war ein Erfolg, denn ich bin ohne zu zögern die Holztreppe hinauf (mein **Mann stand noch unten und gucke mir erstaunt hinterher**) und konnte den herrlichen Ausblick und die Natur genießen.*

MET ist für mich ein voller Erfolg. *und ich bin gespannt welche Ängste Blockaden und Sonstiges ich noch Auflösen kann.*

*Vielen Dank noch an meiner MET Therapeutin dass ich **solche Ausflüge jetzt genießen** kann.*
Das **Klopfen bezüglich diesen Themas** könnte so aussehen:

- Zunächst soll sich der Klient vorstellen, wo
  diesbezüglich die größte Angst/ Emotion liegt – z.B.
  meine Angst auf die Leiter zu gehen

- **Meine Angst da runter zu fallen…**
- **Meine Panik, wenn ich es doch tun muss…**
- **Meine Angst ohnmächtig zu werden…**
- **Meine Unsicherheit, wenn ich den sicheren Boden
  verlasse…**
- **Meine Angst da nicht mehr runter zu kommen…**
- **Mein Schamgefühl, weil ich mich so anstelle…**
- **Meine Angst mich lächerlich zu machen…**
- **Meine Angst, dass Jemand merkt, dass ich diese
  Situationen meide…**
- **Meine Wut auf mich selbst, weil ich es einfach nicht
  schaffe…usw.**

Mein Erlebnis in Kanada- CN Tower und Höhenangst

Meine Amerika-Rundreise an der Ostküste machte auch Station in Toronto.
Eine sehr imponierende Stadt mit Hochhäusern, zumeist mit riesigen Glasfronten.

*Wahrzeichen dieser Stadt ist der **CN Tower. Mit seinen 114 Stockwerken und seinen 533 Metern Höhe** sicherlich ein sehr beeindruckendes Gebäude.*

*Unsere Reisegruppe fuhr mit dem **Aufzug - welcher eine Glasfront** hat - auf diesen Tower, um die wunderbare Aussicht zu genießen.*

Eine Besonderheit des CN-Towers ist es, dass man in einem **Teilbereich des Towers über eine Glasplatte laufen kann**. *Der Blick nach unten ist gigantisch.*

Ich bemerkte, dass eine Teilnehmerin unserer Reisegruppe sich ängstlich in einer Ecke aufhielt.

Auf meine Frage was denn los sei, sagte sie, dass ihr schon **ganz komisch geworden** *sei mit dem Aufzug und der freien Sicht nach draußen hier herauf zu fahren, aber* **über diese Glasplatte würde sie nie im Leben laufen**.

Ich bot ihr an das **mit MET zu beklopfen**. *Nach nur 3-4 Klopfdurchgängen war sie in der Lage, allerdings noch mit meiner Unterstützung, d.h.* **eingehakt an meinem Arm, über die Glasplatte zu laufen**.

Ein paar weitere Klopfdurchgänge mit Emotionen wie :

- *" meine Unsicherheit"*
- *" das wackelige Gefühl in den Beinen"*
- *" meine Angst vor der Tiefe"*
- *"meine Aufregung"*

- und die Teilnehmerin meiner Reisegruppe lief mit strahlendem Gesicht ohne Probleme über die Glasplatte.

Ihr Kommentar: **Ich kann das gar nicht glauben und muss es immer wieder ausprobieren, das hätte ich ohne MET niemals geschafft.**

MET bei körperlichen Dingen

Noch ziemlich am Anfang meiner Arbeit mit MET war ich auch **ziemlich aufgeregt** *vor meinem ersten Seminar.*

Da ich noch meine alte Mutter betreute frühstückte ich häufig bei ihr und war in der Küche dabei **die Brötchen aufzuschneiden.**

Meine Mutter rief mich aus dem Bad und in meiner Nervosität vor dem ersten Seminar unterbrach ich meine Brötchen aufschneiden nicht, **war aber mit meiner Aufmerksamkeit bei meiner Mutter im Bad.**

Da passierte es ich **schnitt mir mit dem Messer in die Hand.**

Sofort klopfte ich:

- **Wie kann man nur so blöd sein…**
- **Meine Wut auf mich…**
- **Mein Ärger auf mich…**
- **Dieser Schmerz…**
- **Ich vergebe mir, dass ich so dumm war…**
- **Ich wähle ab sofort, dass sich die Wunde schließen soll und es nicht mehr blutet!**
- **Ich wähle ab sofort, dass meine Hand heil sein soll!**

Was soll ich sagen, **nach ein paar Minuten klopfen schloss sich die Wunde und es blutete nicht mehr.**

Später erzählte ich den Seminarteilnehmern von meinem Erlebnis und sie alle schauten in meine Hand – wenn überhaupt war nur noch ein kleiner Strich zu sehen.

Wenn man **sofort bei derartigen Dingen in der Akutsituation klopft**, dann lösen sich die körperlichen Symptome wieder auf.

Anscheinend werden beim Klopfen **Prozesse im Körper in Gang gesetzt**, welche Stoffe in Bewegung bringen die eine sofortige „Selbstheilung" des Körpers anstoßen.

Wissenschaftlich erwiesen ist diese Technik noch nicht – da ja zumeist bei sollen bemerkenswerten Erlebnissen keine Wissenschaftler daneben stehen, aber

MET ist inzwischen als komplementär psychologisches Verfahren anerkannt

Brandblase verschwindet sofort durch klopfen mit MET

Hier noch ein spezielles Erlebnis dieser Art von meiner Mutter:

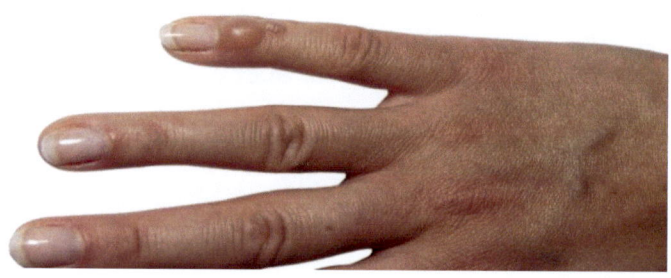

*Ich bin 90 Jahre alt und habe **MET** durch meine Tochter kennengelernt. Sie hat mir gezeigt, wie MET funktioniert und immer wenn ich einen Schmerz oder ein Problem habe, wende ich nun MET an.*

*Aber **in unerwarteten Situationen vergesse ich auch schon einmal**, dass man MET ja für fast jedes Problem anwenden kann.*

Vor einiger Zeit hatte meine Tochter das Essen gekocht und ich wollt den Topf auf die andere Herdplatte schieben, da passierte es.

*Der **heiße Wasserdampf** erreichte meine Hand und fast augenblicklich bemerkte ich an meinem Daumen einen brennenden, stechenden Schmerz und **es bildete sich eine große Brandblase**.*

Meine Tochter kam in die Küche gelaufen und fing sofort an **mich mit MET zu beklopfen** *und sagte zu mir* **ich solle alles sagen was ich fühle.**

Während meine Tochter die Punkte beklopfte sagte ich Dinge wie:

- **mein Ärger über mich...**
- **dieser brennende Schmerz...**
- **meine Wut auf mich...**
- **wie konnte ich nur so blöd sein...**
- **dieser Schmerz...... usw.**
-

Nach ca. 1-2 Minuten klopfen, **konnte man sehen, wie die Brandblase verschwand.**

Selbst die Rötung auf dem Daumen ging mehr und mehr zurück.

Nachdem ich noch etwas Aleo Vera Gel auf den Daumen aufgetragen hatte, konnte ich sogar die betroffene Stelle wieder anfassen **ohne irgendwelche Schmerzen.**

Es blieb nur ein leicht rauhes Gefühl am Daumen zurück, welches aber auch am nächsten Tag verschwunden war.

Betreff: Körperliche Beschwerden, Schuldgefühle, Vergebung - mein Asthma

... ich komme grade aus der Badewanne und hatte dort meine Begegnung der "dritten Art".

Also, bei mir wurde ein **leichtgradiges Asthma** festgestellt, d.h. ich brauche keine Dauermedikation, sondern nur bei Bedarf wie vor körperlicher Belastung ein Spray.

Akzeptieren kann ich das nicht, da dieses Asthma nicht "meins" ist. Dat gehört mir nich!

Vor kurzem habe ich erfahren, dass **mein Großvater Asthma** hatte.... meine Tante hat es, meine Mutter hat es, mein 1992 verstorbener Bruder hatte Neurodermitis... mehr muss ich wohl nicht sagen.

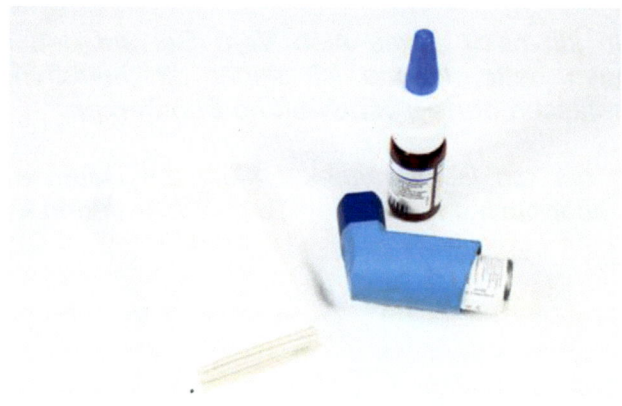

In der Wanne kamen dann verschiedene Sachen:

Ich habe das Asthma mal *auf dem Toilettendeckel (nicht die eleganteste Art) Platz nehmen lassen und* **gefragt, was es denn von mir will**, *schließlich gehört es nicht zu mir.*

Mein Großvater war früher im Krieg, hat mir oft davon erzählt, aber keine schlimmen Geschichten. Dann kam mir die Vision, **dass mein Opa bestimmt Angst hatte und ihm auch die Luft weggeblieben ist.**

Nun gut, ich versetzte mich also in die Lage des Asthmas und da kam was anderes.

Das Asthma sagte: "Sie **lässt sich nie was anmerken**, *lässt nie Gefühle raus. Jemand hat schon mal gesagt, die Frau mit dem Herzen aus Stein. Sie wirkt oft wie ein Eisblock. Da* **schnürt sich mir doch die Brust zu**, *mir bleibt doch gar nichts anderes übrig,* **irgendwie muss ich es ihr begreiflich machen**, *sonst merkt sie es nie!"*

Na toll, ich bin begeistert!
Das **habe ich auf jeden Fall beklopft und dabei erst mal ordentlich geheult**, *was aber* **schnell vorbei war und ich lächeln musste**, *weil* **ich mich so frei fühlte.**

Ich kann schon meine Gefühle zeigen, aber nur den "richtigen" Leuten, nicht so gut in der Öffentlichkeit.

Dann habe ich die **Trauer um meinen Bruder** beklopft, habe mir eine **Sache vergeben**, die ich als Kleinkind mit meinem Bruder gemacht habe, meiner **Mutter vergeben**, dass sie den Gedanken hatte, dass ich hätte besser sterben sollen und mein Bruder noch leben sollte; habe **mir das Schuldgefühl beklopft**, dass ich noch lebe und er nicht.

Es ist ja Wahnsinn, man kommt immer auf was anderes.

Bei jedem Klopfen wusste ich schon das Nächste... .Naja, auf jeden Fall hat sich da was getan, **ich habe gestaunt ohne Ende** und war danach **total gelöst...**

Das war ein Klopf-Marathon!!!!

MET und Schulnoten, Prüfungsstress....

MET kann man auch **hervorragende anwenden im schulischen Bereich**. **Prüfungsangst** ist beispielsweise eine Angst vor der **Bewertung der persönlichen Leistungsfähigkeit**, die den Betroffenen daran hindern kann, sein Wissen bei einer Prüfung unter Beweis zu stellen.

Grundsätzlich kann sie aber auch zu einer Steigerung der Leistungsfähigkeit führen. Ähnliche Symptome findet man bei **Künstlern mit dem sogenannten Lampenfieber** vor einem Auftritt. **Zittern, Übelkeit, Schweißausbrüche, unkontrollierbare Motorik**, bis hin **zur Panik**.

Verbunden ist dies Emotion oft mit dem **Glauben die nächsten Minuten und Stunden nicht durchzustehen.** Dieses ist typisch für Lampenfieber und Prüfungsangst.

Prüfungsangst entsteht oft im Alter von 8 - 11 Jahren.
Als **ursächlich** werden **schlechte schulische oder sportliche Leistungen gesehen**, die das **Selbstwertgefühl**

der Betroffenen, das auf sportlicher und geistiger Leistungsfähigkeit beruht, **herabsetzen.**

Beim Schulstress verhält es sich im Ergebnis ähnlich.

Kinder reagieren da ähnlich wie Erwachsene.

Wenn **immer mehr Aufgaben hinzukommen**, die man bewältigen soll und zudem noch das Problem besteht, dass man manche Dinge vielleicht nicht wirklich gut kann, dann entsteht eine **absolute Überforderung**.

Die **Reaktion hierauf kann mit Panik, Frust, Resignation, Gefühlen der Wertlosigkeit bis hin zur Leistungsverweigerung** usw.– ähnlich einem Burn-Out einhergehen.

Es besteht die Gefahr, dass auch Kinder und Jugendliche mit **Migräne, Hautausschlag, Magersucht, Bettnässen, Aggression** usw. reagieren.

Klopfsätze können hier sein:

- **Meine Angst den Auftritt zu vermasseln...**
- **Ich kann nicht zur Prüfung gehen, das schaffe ich nicht...**
- **Meine Panik, dass in meinem Kopf dann Leere ist...**
- **Mir ist schlecht wenn ich an die Prüfung denke...**
- **Das schaffe ich niemals....**
- **Diese scheiß Schule.....**
- **Ich habe Angst in die Schule zu geh´n....**
- **Ich schäme mich, weil ich die Matheaufgaben nicht hinbekomme....**
- **Mir ist immer direkt schwindelig vor Lampenfieber...**
- **Meine Angst, dass ich rot werde, wenn ich da Vorne stehe...**

- Meine Angst vor einem Black out…
- Dieser unerträgliche Druck von Allen, dass ich die Prüfung bestehen muss…
- Meine Angst, dass ich durch mein Lampenfieber das ganze Stück schmeiße…
- Mein Glaube, ich bin zu dumm dazu…
- Ich bin ein Versager!
- Ich war schon immer ein Verlierer…
- Mein Glaube, dass ich eine Lernblockade haben…
- Ich werde niemals den Sprung in die nächste Klasse schaffen…
- Die ganzen Jahre waren umsonst, weil ich die Prüfung nicht hinbekomme…

Hier 2 Rückmeldungen zum Thema Zensuren und Schule:

Erfolg nach dem ersten Klopfen!!!

Hallo Sabine, ich finde deine Arbeit super! **Durch dein Klopfen** habe ich in der **Deutscharbeit eine 1 geschrieben!**

Ich habe nix dafür gelernt und auch die Zeit, die Arbeit zu schreiben, war sehr knapp, doch dein Klopfen hat mir Sicherheit und Ruhe gegeben.....

Was ich dir schon immer sagen wollte, ich hatte eine "Eins" auf dem Zeugnis...

Liebe Sabine, nun ist es eigentlich schon recht lange her, dass wir miteinander geklopft haben.

Was ich dir aber schon immer sagen wollte, **ich habe es durch das Klopfen tatsächlich geschafft in Französisch eine "Eins" auf dem Zeugnis zu bekommen.**

Das Lernen war gar nicht mehr so schwer und ich konnte mir alles gut merken. Das war echt eine tolle Erfahrung für mich…

Übrigens was für ein Vorteil wäre es, wenn schon unsere Kinder die Möglichkeit bekommen belastende Dinge aufzulösen?!

Kinder nehmen diese Technik zumeist ganz unbefangen an und arbeiten begeistert damit.

So entstand auch unser **MET KinderGrundkurs**, welche ganz auf die Themen der Kinder zugeschnitten ist.

Hier Äußerungen während des MET KinderGrundkurs in der Schweiz:

...".oh, der Rabe ist so süß.....darf ich den heute Nacht mit nach Hause nehmen???????."............... ...".das Lied ist echt gut....".............

*".....auf meinem Bild ist der Papa oder Opa abgebildet- ich weiß nicht so genau, der Opa ist im Februar gestorben und darüber **bin ich traurig**...".............*

*".....und das Schwarze am Himmel ist wenn ich **traurig** bin und Menschen mich nicht verstehen...".*

*......"....und das mit den glitzernden Steine ist eine Bühne **wo ich so sein kann wie ich wirklich bin**"......*
*" ....ich habe dort Kristalle hin geklebt und die Blume mit der Klammer **hält alle Dinge fest die ich wirklich kann**...."*

*" der Baum muss **so kahl** aussehen, so **wie ich mich oft fühle**..."*

*" das sind Farben **die ich mag** und das ist ein Kontrabass, **ich würde so gerne ein Instrument spielen, aber meine Eltern erlauben es nicht**.."...*

Rabe Ratzka der Weise

Rückmeldung der Eltern:

".....die Kinder haben im Auto auf dem Nachhauseweg **ununterbrochen nur vom Seminar gesprochen**...."
...."......du die Kinder **fanden den Tag richtig gut**..........."
"....meine Kinder sind echt begeistert von dem Kurs"

Äußerungen der teilnehmenden Kinder nach dem Seminar:

".......das **hat mir echt viel gebracht, dass du hier warst**....."....."..ich fand es echt gut.........**wenn du wieder hier bist komme ich wieder**......"...."...ich bin ja eigentlich nur hier weil meine Mutter mich angemeldet hat, **aber ich finde es ganz ok**....",..:".....hat mir echt Spass gemacht.......",
"..........ich fand´s schön.........."

MET und das Wohlfühlgewicht

Wie auch bei allen anderen körperlichen Dingen, welche nicht grade akut zu Tage treten, bedarf es auch beim Thema Wohlfühlgewicht eine **besondere Herangehensweise an das Thema.**

Meist ist unsere spezielle „Fülle" ein Thema welches wir **schon länge**r mit uns herumschleppen.

Man geht auch davon aus, dass Körperfülle oftmals für einen gewissen **Schutzpanzer** steht, den wir uns „angeschafft" haben.

Deshalb sind die **Themen** die dahinterstecken **außerordentlich vielfältig**.

Mit einer speziellen Gruppe haben wir mal einen mehrwöchigen MET Wohlfühlgewichts-Kurs durchgeführt.

Recht schnell kamen wir auf **ganz alte Themen** aus unserer Kindheit, Schule, Arbeitsstelle, Liebeskummer etc.

Nicht umsonst fragt man: **Was war 1-2 Jahre** bevor du so an Gewicht zugelegt hast in deinem Leben?

Alte Muster traten zu Tage und **es wurde heftig geklopft** und viele Dinge wurden aufgelöst.

Viele **Zusammenhänge** wurden uns **kla**r und gaben uns eine ganz andere Perspektive.

Fakt ist, essen müssen wir immer – wir können nun die Nahrungsaufnahme nicht einfach abstellen.

Die Frage ist aber, und was für ein „Esser" bin ich eigentlich – Ein Schnellesser, Gieresser, Stressesser, Süßigkeitenesser, Frustesser etc.?

Hier einige Klopfsätze vor diesem Hintergrund:

- **Ich habe solch einen Hunger auf…**
- **Meine Gier auf…**
- **Ich muss jetzt unbedingt was essen…**
- **Ich kann an nichts anderes denken als an Essen…**
- **Ich bin so gierig nach dem Essen, dass ich es kaum richtig kaue…**
- **Ich habe keine Zeit in Ruhe zu essen!**
- **Ich esse nur schnell ´ne Pommes und dann bin ich satt…**
- **Ich esse einfach irgendwas, damit mein Körper funktioniert…**
- **Ohne was Süßes bekomme ich Kopfweh!**
- **Mein Verlangen nach Schokolade…**
- **Schokolade ist mein Tröster…**
- **Wenn ich Frust habe kaue ich ganz mechanisch…**
- **Essen ist die einzige Möglichkeit mich gut zu fühlen!**

- Essen hält Leib und Seele zusammen!
- Durch Essen kann ich mich beruhigen!
- Ich kann den Stress nicht mehr ertragen – deshalb esse ich…
- Ich kann mich nicht an geregelte Mahlzeiten halten…
- Ich kann mein Essverhalten nicht kontrollieren….
- Ich bin immer so allein, da muss ich was essen…
- Zu essen ist das Einzige was bleibt…
- Nur wenn ich esse, kann ich mich richtig fühlen…
- Darauf, dass ich diese Prüfung geschafft habe, muss ich jetzt was Leckeres essen!
- Danach habe ich mir ein Essen als Belohnung verdient! usw.

Hier einige Rückmeldungen zum Thema und von 2 Teilnehmern:

....es hat sich **viel bei mir getan**. Ich habe mich und meinen **Körper besser kennengelernt**

Ich achte sehr darauf was mein Körper gerade braucht, meine **Lust auf Bewegung** hat sich enorm gesteigert, dadurch bessert sich auch meine Laune, weil auch der enorme **Druck** den ich durch ständige Dauerdiäten hatte, **weg ist**.

Mein Wohlbefinden steht jetzt an erster Stelle. Die ganzen Monate und die Erfahrungen **haben sich für mich auf jeden Fall gelohnt** und bin ganz gespannt darauf wie es noch weitergeht!!!.....

*…..Bisher habe ich noch keine großen Erfolge bezgl. meines Gewichts zu verkünden, allerdings habe ich das Gefühl, dass dies nur noch **eine Frage der Zeit** ist.*

*In den vergangenen Monaten haben sich so **einige Wege zu mir selbst aufgetan** und das ist sicher der schwere Teil.*

*Das Ganze hat den **positiven Effekt, dass ich mich immer mehr akzeptieren kann, wie ich bin** und ich bin der Überzeugung, dass das **"entstressen" der gesamten Thematik** "ess ich oder ess ich nicht" die halbe Miete ist…*

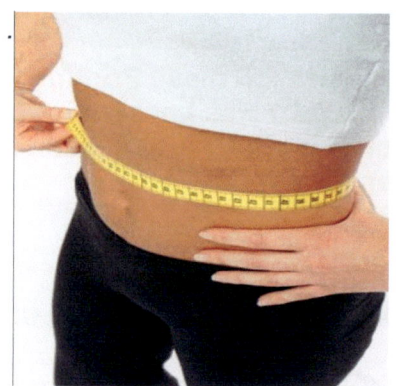

MET und Abnehmen für mich kein Problem mehr!

*...ich wollte mich bei Ihnen bedanken. **Ohne MET hätte ich mein jetziges Gewicht nie geschafft.***

*Vor gut fünf Wochen war ich bei Ihnen und seit der Zeit **kann ich mich beherrschen**.*

*Ich esse nur noch zu den Mahlzeiten und **nicht mehr zwischendurch**, mein **Heißhunger** auf Alles **ist verschwunden** und abends beim Fernsehen können die Leckereien auf dem Tisch liegen, **ohne dass ich schwach werde**.*

*Gegessen wird nur noch, wenn ich es wirklich will **und nicht wenn es mein Heißhunger sagt**.*

*All das habe ich vorher auch mehrfach versucht, aber nicht geschafft. **Bis jetzt habe ich bereits 5kg abgenommen** und es wird noch mehr werden....*

MET und traumatisch Situationen

Auch in wirklich schwierigen Situationen ist das Klopfen mit **MET** sehr hilfreich und wirkungsvoll.

Als **Trauma** bezeichnet man in der Psychologie eine **von außen einwirkende Verletzung** der Psyche.

Eine traumatisierende Verletzung kann sowohl körperlicher, wie auch seelischer Natur sein.

Zu einer psychischen Traumatisierung kommt es jedoch in beiden Fällen erst dann, wenn **das Ereignis** die psychischen Belastungsgrenzen des, in unserem Fall Menschen, übersteigt und **nicht wirklich verarbeitet werden kann.**

Beispiele für Erlebnisse, die Traumata auslösen können, sind:

Gewalt, Krieg, Folter, Vergewaltigung, sexueller Missbrauch, Machtmissbrauch, aber auch Unfälle, Katastrophen, Verlusterlebnisse und Krankheiten, auch emotionale Vernachlässigung, Verwahrlosung, soziale Ausgrenzung oder Mobbing usw.

Mitunter kann auch **das bloße Beobachten** eines solchen Ereignisses **traumatisierende Wirkungen** auf den Beobachtenden haben.

In der medizinischen Diagnose unterscheidet man zwischen:

- **akuten Belastungsreaktionen** die unmittelbar auf das belastende Ereignis folgen und kurzfristig andauern,
- **posttraumatischen Belastungsstörungen**, die erst mit größerem zeitlichen Abstand eintreten und oftmals chronische Formen annehmen.

Traumatische Erfahrungen grade in jungen Jahren führen bei Denjenigen oft ein Leben lang zu **Minderwertigkeitsgefühlen, tiefer Trauer, nicht greifbaren Ängsten** bis hin zu **Panikattacken, Phobien**, so wie zu **Einsamkeit** und **Zurückgezogenheit**.

Oft wurden die traumatischen Ereignisse der Vergangenheit so sehr verdrängt, dass Derjenige seine **vermeintlich merkwürdigen emotionalen „Störungen"** selbst nicht verstehen und nachvollziehen kann.

ACHTUNG– Die Bearbeitung traumatische Erlebnisse gehört grundsätzlich in die Hände erfahrener Therapeuten/Berater der energetischen Psychologie (Therapeuten/Berater für MET…etc.)

Sie können aber **selbstverständlich selbst an Ihren traumatischen Erlebnissen arbeiten.**

Das menschliche Gehirn ist in der Regel so ausgerichtet, dass wir **nur soweit an die Themen herankommen, wie wir sie auch ertragen** und bearbeiten **können.**

Es schlägt in der Regel einen Bogen, wenn die Thematik zu heftig wird.

Wir haben dann das Gefühl **irgendwie nicht weiter zu kommen**, oder **kommen** immer wieder am **Ausgangspunkt unserer Klopfstunde an.**

Hier ist es dann geboten MET-therapeutische Hilfe in Anspruch zu nehmen.

Genau aus demselben Grund, soll man **bei diesen speziellen Themen nicht mit anderen Menschen arbeiten**, weil das **Risiko hier eine Grenze zu überschreiten** doch recht hoch ist.

Wir wissen normalerweise **nicht**, wie viel unser Gegenüber grade tragen und ertragen kann, **wenn wir nicht psychologisch geschult** und erfahren **sind**.

Es setzt viel MET-Erfahrung voraus Jemanden durch so einen Prozess zu begleiten.

Trotz aller Vorsicht kann es immer wieder mal vorkommen, dass man auch **bei ganz „normalen" Themen bei einem Trauma landet**.

Man erkennt dies normalerweise daran, dass der Klopfende **panisch reagiert** und die **Umgebung** fast **nicht mehr wahrnimmt**.

Als **SOFORTMAßNAHME**, soll der Klopfende **nur noch durch die Nase** aus- und einatmen, um eine Hyperventilation zu verhindern.

Man **klopft** dann ausschließlich **den Punkt Nr. 6 den Schlüsselbeinpunkt**, fordert den Klopfenden auf **alle Bilder so weit es geht** (Stecknadelkopf groß bis unter die Decke oder sogar zum Mond) **wegzuschieben**, und klopft den Schlüsselbeinpunkt mit der entsprechenden **Emotion wie „Meine Panik" oder „ Mein Ohnmachtsgefühl" so lange weiter, bis Derjenige wieder normal atmet und einigermaßen in seinem Gleichgewicht ist.**

Hier ist dann therapeutische Hilfe eines erfahrenen MET Therapeuten angesagt.

Fallbeispiel: Problem beim Autofahren

*Zu mir kam eine Klientin mit der **Problematik „Angst beim Autofahren".***

Wir fingen also an zu klopfen.

Zunächst bat ich sie sich den Weg, den sie mit ihrem Freund zu mir gefahren war vorzustellen.

Wir beklopften die jeweiligen Emotionen wie:

- *meine Angst, dass jemand in das Auto fährt...*
- *meine Angst, wenn wir nun auf die Autobahn fahren...*
- *ich habe Angst, weil die alle so schnell fahren...*
- *meine große Angst, weil da nun kein Standstreifen mehr ist...*

- *ich fühle mich auf der Autobahn eingeschlossen... usw.*

Die Klientin muss, wenn sie zu mir fährt durch einen Tunnel fahren. **Bei dem Hinweis „und nun kommt der Tunnel...“ reagierte sie mit absoluter Panik.**

Wir waren voll in ein Trauma gerutscht.

Ich wendete die Traumatechnik an.

Hinterher stellte sich heraus, dass sie vor Jahren mit ihrem damaligen Bekannten mal **durch einen brennenden Tunnel fahren musste.**

Der Satz „...und nun kommt der Tunnel...“ hatte sie daran erinnert und **das Trauma in den Vordergrund gebracht.**

Ich selbst hatte in der Vergangenheit ein schweres traumatisches Erlebnis.

Mit Hilfe von MET Kollegen gelang es mir **das Trauma innerhalb von kürzester Zeit aufzulösen.**

Grundsätzlich kann man sagen, dass ein erfahrender Therapeut für MET ein Trauma **innerhalb von 2-4 kompletten MET Stunden auflösen kann** und zwar so weit, dass i. d. Regel nicht einmal mehr die Bilder greifbar sind.
Auch muss man sagen, dass oftmals danach erst **die eigentliche selbständige MET Arbeit** beginnt, je nachdem **wie weit das traumatische Ereignis zurück liegt.**

Egal ob man Ihnen, wie so oft von mir erlebt, gesagt hat:

„da brauchen Sie mindestens 50 Stunden Therapie und Antidepressiva"

oder

„Sie sind leider austherapiert"....

mit MET gibt es **immer einen Weg**, die alten belastenden Dinge anzuschauen und loszulassen.

MET kann keinen Arzt oder Therapeuten ersetzen, aber **MET ist eine sinnvolle Ergänzung,** um wieder ganz bei sich anzukommen.

Erlauben

Sie sich,
Ihr **Leben einfach**

wieder
in die eigene Hand zu nehmen.

Be**frei**en

Sie sich

von den
belastenden Dingen.

Und

glauben Sie mir,

mit **MET**

geht es ganz **leicht**.

Ein letzter Erfahrungsbericht:
Mit Klopfen bei sich ankommen.....

....nochmals vielen Dank für den tollen Abend bei dir. Du hast mir sehr weitergeholfen.

Endlich kann ich alte Muster ablegen.

Alles, was nicht zu mir gehört.
Ich entdecke jetzt immer mehr mein ICH.

Ich klopfe fast täglich und bin jedes Mal erstaunt, was alles zum Vorschein kommt.

Dadurch werde ich nun meine komplette Ausbildung starten.

Ohne dich würde ich immer noch im Dunklen tappen......

Weitere Bücher und Medien von Sabine Krusel:

Mit MET Meridian Energie Technik ErfolgReich beklopft!
Das Informations-und Begleitbuch für jede Lebenssituation
ISBN 978-3-8391-1837-5 BOD Verlag

Klopfe dich frei, du bist dabei... MET Geschichten mit
Rabe Ratzka dem Weisen für Kinder im Grundschulalter ISBN
978-3-8370-8455-9 BOD Verlag

Klopfe dich frei, du bist dabei…Neue MET Geschichten mit
Rabe Ratzka dem Weisen Band 2 für Kinder bis zu 12 Jahren
ISBN 78-3-8423-3743-5 BOD Verlag

Klopfe dich frei, du bist dabei…Musik CD mit 5 MET
Liedern für Kinder ISBN: 978-3-940544-88-9 Feel-Good-
Verlag

Klopf dich frei, du bist dabei….MET Geschichten mit Rabe
Ratzka dem Weisen – **die CD** zum Buch Band 1 ISBN: 978-3-
940544-87-2 Feel-Good-Verlag

1000 gefühlte Gedanken-Fragen – Gedichte-Trilogie…ISBN
978-3-8391-7150-9 BOD Verlag

Das MAN-DELPrinzip nach Krusel® ISBN 13: 978-3-
940700-39-1 Spirit-Rainbow-Verlag

Angst Co.-meine inneren Gespenster…..klopfen mit MET –
Audio/MP3 zum Download   http://shop.papillon-essen.de/
Eigenproduktion

Selbstwert und Co…..klopfen mit MET - Audio/MP3 zum
Download http://shop.papillon-essen.de/ Eigenproduktion

Ich fühl mich wohl in mir – mein persönliches Wohlfühlgewicht....

Teil 1 „Wie esse ich?"

Teil 2 „Körper und Keller"

Teil 3 „ErnährungsKlarheit"

Teil 4 „Ziel und höheres Selbst"

........klopfen mit MET – Audio/MP3 zum Download http://shop.papillon-essen.de/ Eigenproduktion

Die meisten Bücher sind auch als APP erschienen.

Herstellung und Verlag:
Books on Demand, Norderstedt
ISBN: 978-3-7322-3280-2